# Mon Answers Book

ISBN : 978-2-7339-1547-9


355 rue de la Montagne Noire
31750 Escalquens

**grancher@piktos.fr**
**www.grancher.com**

Responsable éditoriale : Marine Brossard
Illustration de couverture : Wild Amanda
Réalisation couverture : Jessica Maestripieri
Illustrations : AdobeStock

Imprimé en Chine par Toppan Leefung Printed Limited
Dépôt légal : novembre 2022

Clara Brélivet

# Mon Answers Book

Le livre oracle qui répond à toutes mes questions

Grancher

Je dédie ce livre oracle à ma communauté, à ceux qui me suivent et interagissent avec moi chaque jour.

# Mode d'emploi de

# Mon Answers Book

**Merci d'avoir choisi ce livre !** Tu as peut-être été intrigué·e par le concept de *answers book*, peut-être même que tu n'y connais rien en cartomancie ? Mais que tu sois une personne débutante ou expérimentée en la matière, ce livre oracle te plaira à coup sûr !

Je l'ai créé dans le but de démystifier la cartomancie et de la rendre accessible à tous·tes et partout. Ce livre oracle pourra t'accompagner n'importe où et te guider dans tes choix à chaque fois que tu en auras besoin.

Je suis persuadée que tu n'as pas atterri ici par hasard ! Comme bon nombre d'entre nous, tu te poses sûrement beaucoup de questions sur ta vie, ton avenir, tes études, ton travail, tes relations amicales ou amoureuses… La bonne nouvelle, c'est que ce livre peut répondre à toutes ces questions et même te permettre de dater un événement à venir ! Le monde de l'ésotérisme peut parfois impressionner mais je te rassure tout de suite : la seule chose que tu as à faire, c'est de poser une question, de prendre cet ouvrage, de feuilleter rapidement les pages et d'écouter ton instinct pour savoir quand t'arrêter… alors ta réponse apparaîtra ! C'est aussi simple que ça !

Il y a cependant une chose qui me semble importante : parfois, on sait quelle réponse on aimerait recevoir et on est déçu quand ce n'est pas celle-ci qui apparaît… C'est normal mais sache que tes guides spirituels t'accompagnent et se connectent à toi *via* ce livre, ce sont eux qui te donnent la réponse, et même si elle ne te plaît pas, tu peux être sûr·e qu'ils te montrent toujours la bonne direction, alors écoute-les !

## Avant de commencer

Si tu es déjà familier·ère avec les oracles et les tarots, tu as sûrement entendu dire qu'il fallait purifier ses outils avant de les utiliser et, surtout, ne pas laisser quelqu'un d'autre les toucher. À mon sens, rien n'est obligatoire, mais si tu as envie de purifier ce livre avant de le consulter, tu peux faire brûler de l'encens ou bien de la sauge et le passer plusieurs fois dans la fumée. Libre à toi de prêter cet ouvrage à un proche si tu le souhaites, le principal c'est que tu t'écoutes, nous avons tou·te·s des croyances différentes.

À chaque fois que tu veux te servir de ton *answers book*, tu peux émettre une intention comme « Je suis prêt·e à recevoir ton message ». Là encore, ce n'est pas obligatoire… Le but est surtout que tu sois à l'aise avec cet outil.

# Quelles questions poser ?

L'utilisation de ce livre est très simple ! Il y a deux parties : une première qui répond à tes questions et te donne des conseils et une seconde qui concerne la temporalité.

## Pour répondre à une question précise

Concentre-toi sur ta demande, respire profondément et pose une question fermée, c'est-à-dire une question qui commence par « Est-ce que », pour que le livre oracle puisse te répondre. Par exemple, si tu demandes : « Est-ce que [XXX] est amoureux de moi ? » ou « Est-ce que je vais réussir mon examen demain ? », ton *answers book* te répondra ! En revanche, il ne pourra pas répondre à une question telle que « Qui [XXX] préfère-t-il dans le groupe ? » ou « Sur quel sujet vais-je tomber demain ? ».

Une fois ta question posée, feuillette la première partie de ton livre magique que tu reconnaîtras par ses pages violettes, arrête-toi sur une page au hasard et lis simplement la réponse ! Tu t'en doutes, les réponses que ce livre t'apportera ne sont pas seulement des oui ou des non, elles sont plus nuancées et te permettront de savoir comment te positionner face à ta question.

## Pour répondre à une question de temporalité

Si tu cherches à savoir quand un événement va avoir lieu, tu peux poser une question qui commence par « Quand » : « Quand est-ce que je vais enfin pouvoir partir en vacances ? » ou « Quand est-ce que je vais déménager ? ».

Une fois ta question posée, feuillette la seconde partie de ton livre magique que tu reconnaîtras par ses pages blanches, arrête-toi sur une page au hasard et lis simplement la réponse !

Tu peux poser autant de questions que tu veux à ton livre oracle, il ne sera jamais trop fatigué pour te répondre ! En revanche, je te déconseille de poser éternellement la même question sous prétexte que tu n'as pas obtenu la réponse que tu attendais... Comme je le dis plus haut, tes guides s'adressent à toi à travers ce livre, alors écoute leurs réponses et suis leurs conseils, tu comprendras certainement plus tard le sens de tout ça...

J'espère de tout cœur que cet ouvrage te plaira et peut-être même qu'il t'ouvrira les portes du monde ésotérique et de la cartomancie. Si tu as des questions ou si tu souhaites m'envoyer une photo de toi avec ce livre, écris-moi sur mon Instagram :

**@itsclarasjournal**

# Suis
# ton
# cœur

# Tu connais déjà la réponse

# Laisse le temps faire les choses

Aie
confiance :
tout se passe
exactement
comme
cela doit
se passer

# Bien sûr

# À toi de faire le premier pas

# Tu précipites les choses

# C'est tout à fait jouable

# Ne perds pas espoir

# C'est envisageable

# Le temps fait bien les choses

# Non

# Ne sois pas pressé-e, prends ton temps

# C'est incontestable !

# C'est tout à fait possible

# Il va falloir l'accepter

# Tu te poses trop de questions

C'est
une
possibilité

# C'est certain

# Tu devrais passer à l'action

# Les circonstances peuvent vite changer

# Tu trouveras une solution

Ce n'est pas quelque chose que tu peux contrôler

# Tu devrais d'abord t'accorder du repos

Il est temps de laisser partir cette idée

# La nuit porte conseil

# Prends ton temps

# Tu prends les choses trop à cœur

# C'est mauvais pour toi

# Ce n'est pas le bon moment

# Fais confiance à tes guides

# C'est temporaire

# Tu y verras bientôt plus clair

# Sérieusement ?

# Tu ferais mieux d'arrêter

# C'est vraiment ce que tu veux ?

# Fais-toi confiance

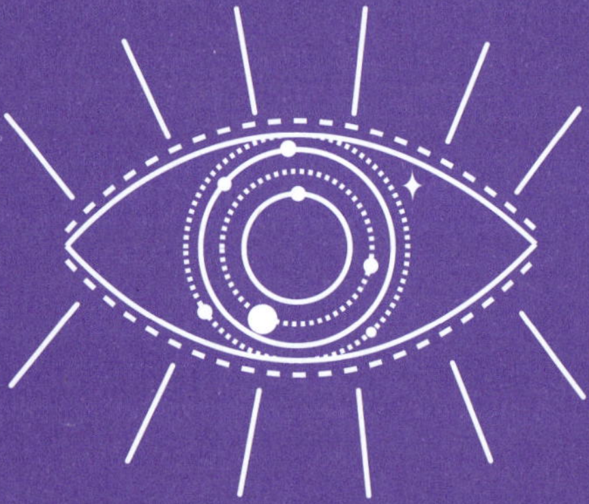

# Il est temps de tourner la page

# Tu le mérites

# Ce qui doit se passer se passera

# Tu n'as pas le pouvoir de changer ces choses-là

# Ce n'est pas sûr...

# Patience...

# Ne perds pas espoir

# Tu sais bien que non

# C'est la vérité

# Tu perds de l'énergie pour rien

# Pourquoi te poses-tu cette question ?

# Tu as besoin d'aide

# Tu le regretteras

# Lâche prise

# Ne perds pas ton temps

# Absolument pas

# Ne fais surtout pas ça !

# Écoute ton intuition

# Ce n'est même pas une possibilité

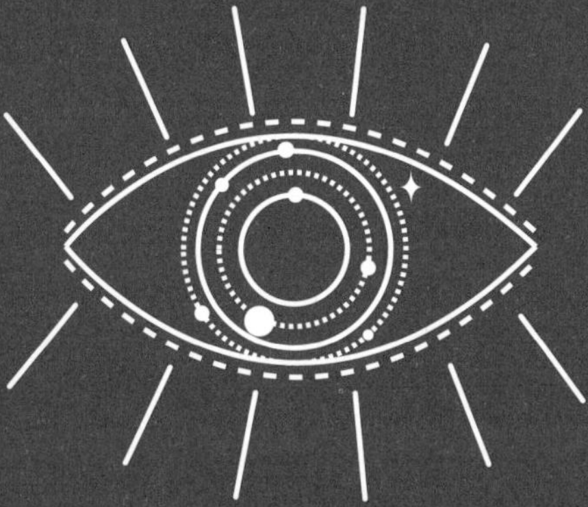

# Les circonstances changeront bientôt

# Tu n'as pas assez confiance en toi

# Pose plutôt la question à la bonne personne

# Au fond de toi, tu n'y crois pas

# Prépare-toi
# à
# l'inattendu

# Bien plus que tu ne le penses

# Réfléchis bien...

# Change de perspective

# Apprécie cette expérience

# Ce n'est pas envisageable

# Tu te poses trop de questions

# C'est une bonne leçon

# Prends l'initiative

# Tu vas trop vite, ralentis un peu !

# Pas forcément

# Pourquoi pas ?

# C'est une possibilité

# La réponse est en toi

# Réfléchis avant de passer à l'action

# Tu te mets des bâtons dans les roues

# Tu te voiles la face

# Ce n'est pas le mieux pour toi

# C'est une question de temps

# Garde confiance

# Il faut que tu éclaircisses les choses

# Passe à l'action

# Tu peux y arriver

# C'est une mauvaise idée

Ça ne tournera sans doute pas en ta faveur

# Donne tout pour y arriver

# Accepte le changement

# Ça va bien se passer

# C'est une blague ?

# C'est une option

# Tu regardes les choses sous le mauvais angle

# Fonce !

# Tu en es capable

# Ne fonce pas tête baissée

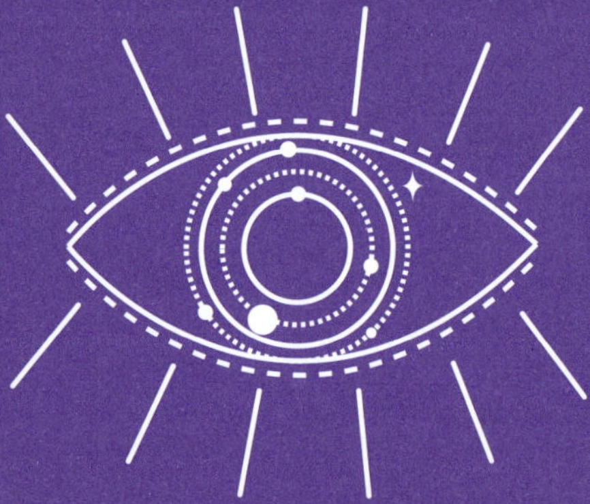

Compte jusqu'à 5 et repose ta question

# Tu y es presque

# Ne te précipite pas

# Ça en vaut la peine

# Tu prends la mauvaise direction

# Tu réfléchis trop

# C'est tout à fait faisable

Laisse cette idée de côté quelque temps

# Réfléchis bien

# Le résultat sera positif

# Ne le fais pas

# Réfléchis-y à deux fois

# Ce n'est pas la peine de te précipiter

# A priori non...

# La situation est encore trop floue

# Ça n'en vaut pas la peine

# Tu auras de bons résultats

# Il y aura toujours des choses que tu ne peux pas contrôler

# Fais plus d'efforts

# C'est trop tard

# Tu n'y penseras bientôt plus

# Lâche l'affaire

# Ça ne sert à rien

# Change de projet

# L'Univers sait ce qu'il fait

# Tu n'as pas l'esprit assez critique

# Arrête

# Tu te prends trop la tête

# La réponse est sous tes yeux

# Tu le sais au fond de toi

# Tu vaux plus que ça

# Jette l'éponge

# Clairement

# Tu perds ton temps

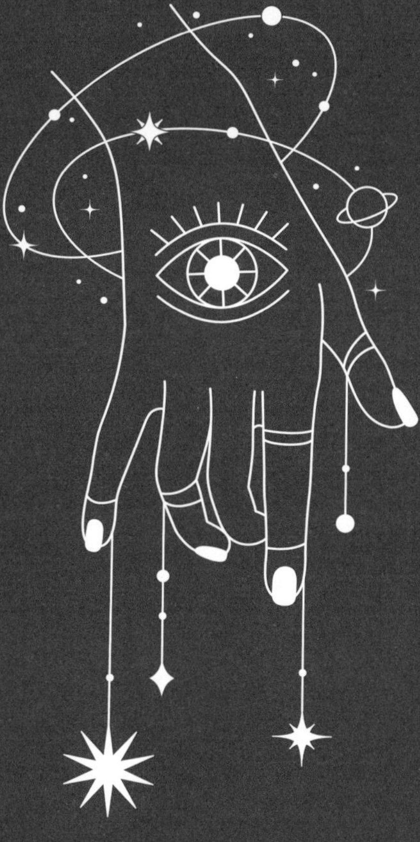

# Passe à autre chose

# Tu te prends la tête pour rien

# Oui

# Tu le sais déjà

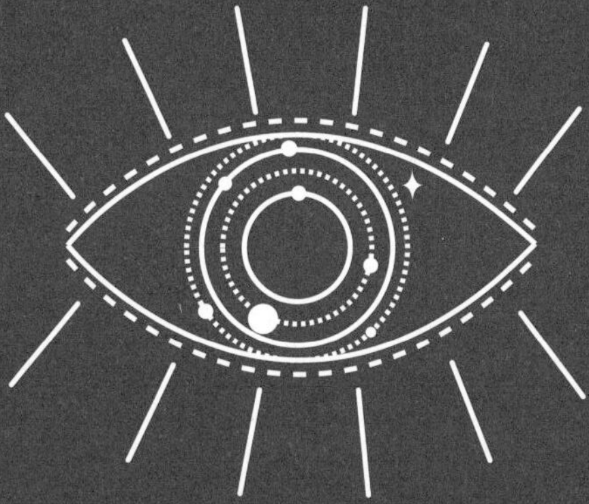

# La vie fait bien les choses

# Et toi, tu en penses quoi ?

# Surtout pas !

# ça paraît assez toxique

# Ce n'est pas une solution

# À toi de faire le bon choix

# Tu es sur la bonne voie

# Tu vas réussir

# À voir...

# Tu vas devoir attendre

# La vie en vaut la peine

# Sois sincère

# Tu te poses la mauvaise question

Si cette épreuve est sur ta route, c'est pour une bonne raison

# Les pires expériences donnent les meilleures leçons

# Garde espoir

# Complètement

# N'y pense plus

# Abandonne

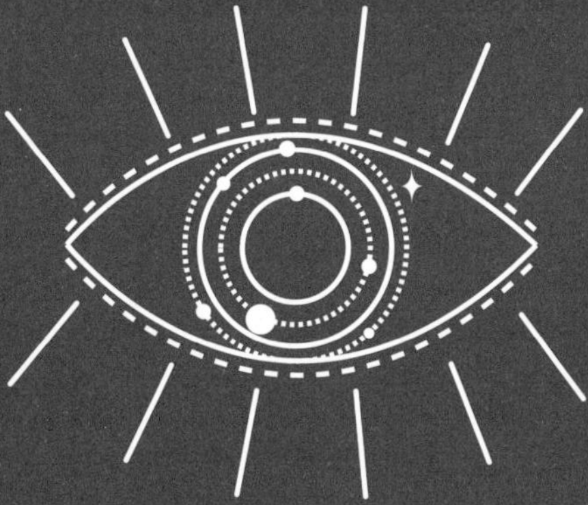

# La solution viendra à toi

# Tu sais ce qui est le mieux pour toi

# Change ta vision des choses

# Ne t'inquiète pas

# N'y pense même pas

# Sincèrement, non

# Tu ne prends pas le problème sous le bon angle

# Arrête de penser à ça

# Pour quoi faire ?

# Enlève-toi cette idée de la tête

# Tu n'es pas prêt-e

# Hors de question !

Réfléchis bien à la décision que tu vas prendre

# Tu ne le regretteras pas

# C'est une super idée

# Probablement pas

# Absolument !

# Continue dans cette voie

# Courage !

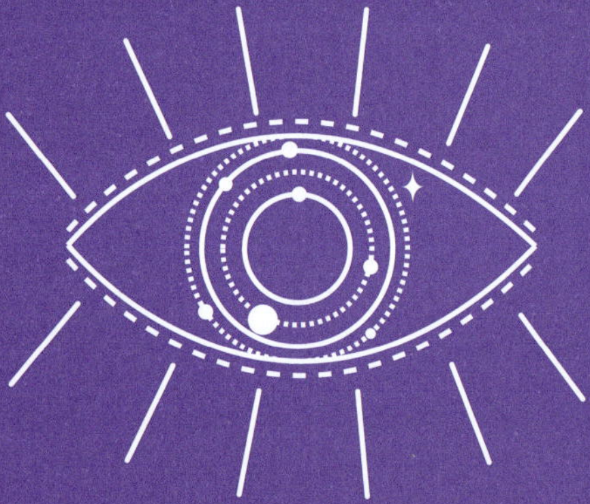

# C'est impensable

# C'est possible

# Ça peut être une bonne idée

# Surtout pas !

# Tu devrais arrêter dès maintenant

# Non, non et non !

# Ne te précipite pas

# Fais les choses bien

# Qu'est-ce que tu voudrais, toi ?

# Il y a toujours une solution

# Garde le sourire

# Les décisions les plus difficiles à prendre sont parfois les meilleures

# Ça peut être une solution

# Reste fidèle à toi-même

# Pourquoi ferais-tu ça ?

# C'est hors sujet

# Oui,
# oui
# et oui !

Ouh là là...
pas du tout !

# Peut-être

# Tu as choisi ton chemin

# Ah non !

# Oublie ça…

Allez,
tu peux
le faire !

# Écoute ta petite voix, elle a toujours raison

# Sois patient·e

# Dans quelques mois

Ça arrivera
plus vite
que ce que
tu penses

# Dans l'année

Patiente
encore
un peu…

# Dans les semaines à venir

# Très prochainement

# Jamais

Attends quelques jours

# Quand ce sera le bon moment

# Pas pour l'instant

# Le mois prochain

# À la fin de l'année

# Maintenant

C'est
trop
tôt

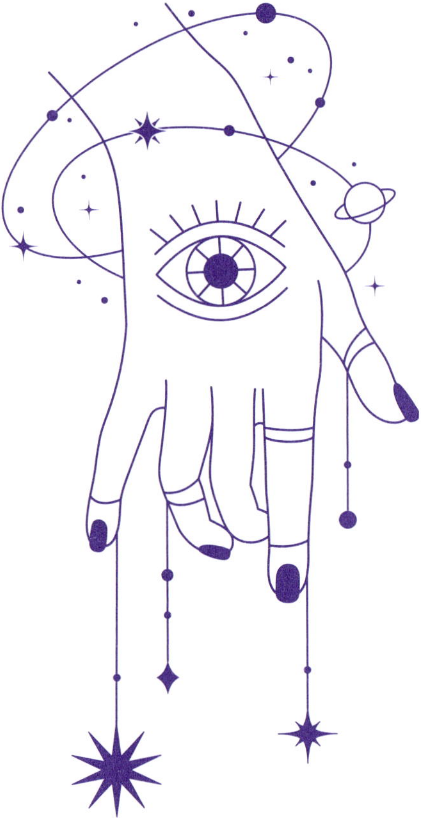

# C'est le bon moment

# La semaine prochaine

Patiente
encore
quelques
jours

# Peut-être jamais

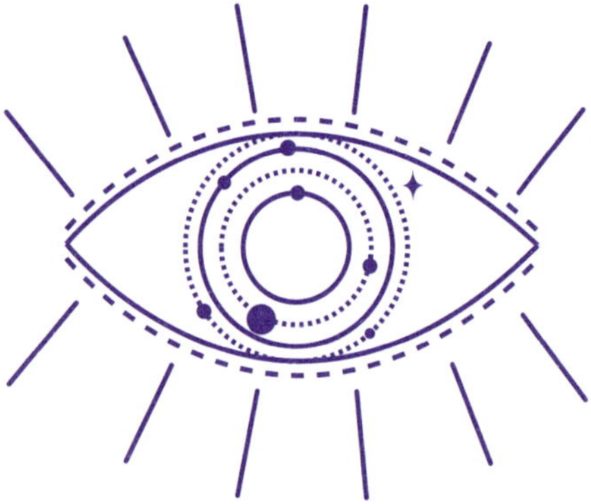

# Probablement d'ici quelques mois

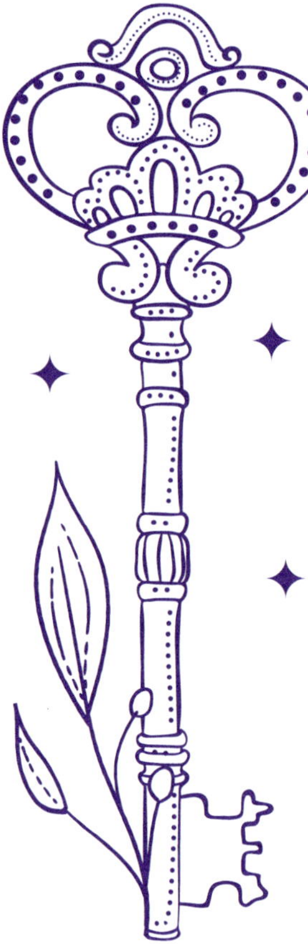

# L'année prochaine

# Tu le sais déjà

# Il n'y aura pas de bon moment pour ça

# Pas aujourd'hui

# N'attends plus

# Peut-être plus tard

Ce n'est pas le bon moment

# Demain

# Incessamment sous peu

# Ça va bientôt arriver

# C'est une question de temps

# Maintenant, tu peux

# Peut-être dans une autre vie

# Attends quelques jours

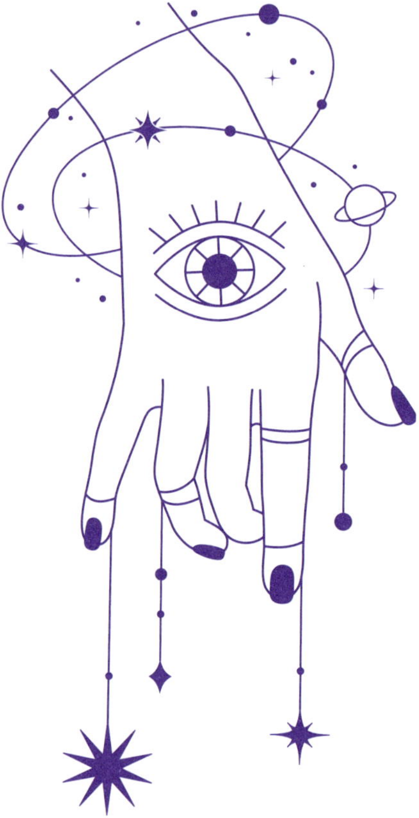

C'est
trop
tard

# Bientôt

Un peu
plus
tard

# Un jour,
# peut-être...

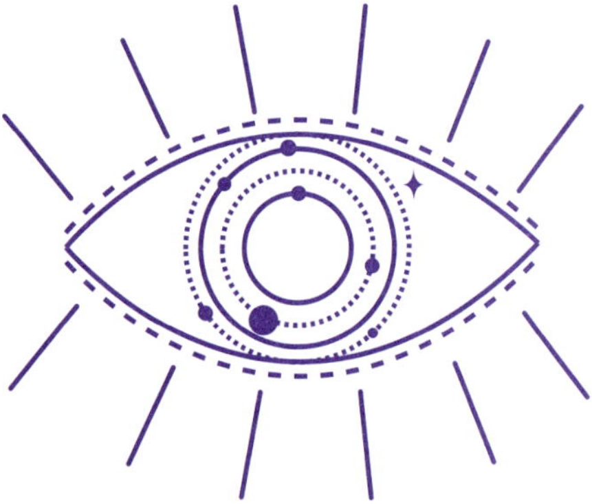

# Ce n'est pas pour tout de suite...

# Remerciements

Merci à ma maman, qui m'a acheté mes premiers carnets et qui m'a toujours encouragée à continuer d'écrire, quoi qu'il arrive.

Évidemment un grand merci à ma mamie pour son soutien inconditionnel.

Merci à ma moitié, qui m'a toujours poussée à réaliser mes rêves et à ne pas baisser les bras, peu importe les déceptions.

J'ai une pensée particulière pour mon grand-père qui, j'espère, est fier de moi là où il est.

Merci aux éditions Grancher et à leur équipe, qui m'ont accordé leur confiance et ont fait de ce rêve une réalité.